Antón Pàvlovič Čechov

LA DACIA NUOVA

versione filologica del racconto

(1899)

a cura di Bruno Osimo

Titolo originale dell'opera: Новая дача
Traduzione dal russo di Alice D'Auria, Ilie Gutu, Benedetta Molteni, Greta Sartini, Aurora Sechi, Alice Spadotto
Bruno Osimo è un autore/traduttore che si autopubblica

La stampa è realizzata come print on sale da Kindle Direct Publishing

ISBN 9788831462396 per l'edizione cartacea
ISBN 9788831462402 per l'edizione elettronica
 Contatti   dell'autore-editore-traduttore: osimo@trad.it

Traslitterazione

La traslitterazione del russo è fatta in base alla norma ISO 9 (tranne per «Čechov» che ormai è entrato nell'uso):

â si pronuncia come 'ia' in 'fiato' /ja/

c si pronuncia come 'z' in 'zozzo' /ts/

č si pronuncia come 'c' in 'cena' /tɕ/

e si pronuncia come 'ie' in 'fieno' /je/

ë si pronuncia come 'io' in 'chiodo' /jo/

è si pronuncia come 'e' in 'lercio' /e/

h si pronuncia come 'c' nel toscano 'laconico' /x/

š si pronuncia come 'sc' in 'scemo' /ʂ/

ŝ si pronuncia come 'sc' in 'esci' /ɕ:/

û si pronuncia come 'iu' in 'fiuto' /ju/

z si pronuncia come 's' in 'rosa' /z/

ž si pronuncia come 's' in 'pleasure' /ʐ/

Sommario

La dacia nuova

1

A tre verste[1] dal villaggio di Obručánovo era in costruzione un enorme ponte. Dal villaggio, che si trovava in alto su una riva ripida, era visibile la sua struttura a traliccio, e quando faceva nebbia, e nelle tranquille giornate invernali, quando le sue sottili travi di ferro e tutti i boschi intorno erano ricoperti di brina, presentava un quadro pittoresco e persino fantastico. A volte passava per il villaggio con i *dróžki*[2] da corsa o una carrozza l'ingegnere Kučeróv, il costruttore del ponte, un uomo grassoccio, con

---

[1] Verstá: antica unità di misura dell'impero russo, 1 verstá corrisponde a 1066,52 metri.
[2] Dróžki (plurale): carrozza aperta, bassa, a quattro ruote, diffusa in Russia.

le spalle larghe, barbuto con un berretto morbido, sgualcito; a volte, nei giorni festivi, venivano i *bosâkì*[3] che lavoravano al ponte; chiedevano l'elemosina, ridendo delle babe[4] e – capitava – portavano via qualcosa. Ma questo succedeva raramente; di solito i giorni passavano calmi e tranquilli, come se non ci fosse nessun cantiere, e solo di sera, quando vicino al ponte brillavano i falò, il vento portava debolmente il canto dei *bosâkì*. E a volte, durante il giorno, si sentiva un triste suono metallico: don… don… don…

---

[3] Persone povere che vanno in giro vestite di stracci e a piedi nudi.

[4] Donna adulta appartenente alla classe proletaria, destinata a lavori di fatica per la famiglia, in contrapposizione a *bàrynâ*, donna delle classi alte.

Un giorno dall'ingegner Kučeróv
arrivò la moglie. Le piacquero le
rive del fiume e la splendida vista
della valle verde con villaggi, chiese,
mandrie, e cominciò a chiedere a
suo marito di comprare un piccolo
appezzamento di terra e costruire
qui una dacia. Suo marito obbedì.
Comprarono venti *desâtine*[5] di terra,
e su una riva alta, in una radura
dove in passato pascolavano le
mucche di Obručánovo,
costruirono una bella casa a due
piani con una terrazza, con balconi,
con una torre e con una guglia, su
cui la domenica sventolava la
bandiera, – la costruirono più o
meno in tre mesi e poi per tutto
l'inverno piantarono grandi alberi, e
quando arrivò la primavera e tutto

----

[5] Desâtina: antica unità di superficie
russa, 1 desâtina corrisponde a
1,0925 ettari.

divenne verde, nella nuova tenuta c'erano già dei vialetti, il giardiniere e due lavoranti in grembiuli bianchi zappavano vicino alla casa, zampillava la fontanella, e la palla a specchio bruciava così intensamente che faceva male guardarla. E questa tenuta aveva già un nome: *Nóvaâ dača*[6].

In una mattina limpida, calda, a fine maggio, a Obručánovo furono portati dal fabbro locale Rodión Petróv due cavalli da ferrare. Questi vengono dalla *Nóvaâ dača*. I cavalli erano bianchi come la neve, snelli, ben nutriti e sorprendentemente simili tra loro.

«Dei veri e propri cigni!» mormorò Rodión, guardandoli con venerazione.

Sua moglie Stepanìda, i suoi figli e i nipoti uscirono fuori a guardare. A

---

[6] Dacia nuova.

poco a poco si radunò una folla. Si avvicinarono i Lyčkóv, padre e figlio, entrambi glabri dalla nascita, con le facce gonfie e senza cappello. Si avvicinò anche Kózov, un vecchio alto, magro con una barba lunga, stretta, con il bastone a uncino; continuava a strizzare i suoi occhi sornioni e sorrideva beffardo, come se sapesse qualcosa.

«Sono solo bianchi, ma cosa avranno mai?» disse. «Metti i miei ad avena, pure loro diventeranno così lisci. A fargli trascinare l'aratro e a frustarli con lo *knut*[7]...»

Il cocchiere lo guardò soltanto con disprezzo, ma non disse una parola. E mentre dopo si accendeva il fuoco nella fucina, il cocchiere

____

[7] Frusta russa utilizzata per frustare i criminali, gli oppositori politici e anche i cavalli, simbolo del regime russo.

raccontava, fumando *papirosy*[8]. I mužikì[9] impararono molti dettagli da lui: i suoi signori sono ricchi; la *bàrynâ*[10] Eléna Ivánovna, prima del matrimonio, viveva a Mosca in povertà, come governante; è gentile, compassionevole e le piace aiutare i poveri. Nel nuovo possedimento, raccontava, non avrebbero né arato né seminato, ma avrebbero solo vissuto a loro piacimento, vivere solo per respirare aria pulita. Quando finì e portò indietro i

---

[8] Sigaretta russa con un lungo filtro costituito da un rotolo vuoto di cartone.

[9] Maschi appartenenti allo strato sociale inferiore, non intellettuali, destinati a lavori di fatica, contrapposti ai *bàrin*.

[10] Femminile di *bàrin*, donna non baba, non di fatica, appartenente agli strati alti della popolazione.

cavalli, gli andò dietro una folla di ragazzini, i cani abbaiavano, e Kózov, guardando dietro, continuava beffardo a fare l'occhiolino.

«Ma che ra-azza di proprietari terrieri!» diceva. «Hanno costruito la casa, hanno preso i cavalli, ma non hanno niente da mangiare del loro. Ma che ra-azza di proprietari terrieri!»

Kózov per qualche motivo odiò subito sia la nuova tenuta, sia i cavalli bianchi, e sia il bel cocchiere ben nutrito. Era un uomo solitario, un vedovo; viveva annoiato (una qualche malattia che chiamava prima rogna e poi vermi, gli impediva di lavorare), otteneva i soldi per il sostentamento dal figlio, che era dipendente di una pasticceria a Har'kov, e dalla mattina presto fino a sera vagava oziosamente per la riva o per il villaggio, e se vedeva, per esempio, che un mužìk portava una trave o pescava, diceva: «Questa trave è di legno morto, marcio» oppure: «con questo tempo non abbocca». Durante la siccità diceva che non sarebbe piovuto fino al gelo, ma quando pioveva, diceva che nel campo sarebbe andato tutto a male, che tutto sarebbe andato perduto. E così facendo continuava a fare l'occhiolino, come se sapesse qualcosa.

La sera, nella tenuta, ardevano le luci bengalesi e i fuochi d'artificio, e accanto a Obručánovo passava una barca a vela con lucine rosse. Una mattina la moglie dell'ingegnere Eléna Ivánovna arrivò al villaggio con la figlia piccola in una carrozza dalle ruote gialle tirata da un paio di pony dal ventre scuro; entrambe, madre e figlia, portavano cappelli di paglia con ampi bordi piegati verso le orecchie.

Era proprio l'ora di trasportare il letame con il carro, e il fabbro Rodión, un vecchio alto, magro, senza cappello, scalzo, con il forcone in spalla, stava vicino alla propria *teléga*[11] sporca, orrenda e interdetto guardava i pony, e dalla sua faccia era evidente che non aveva mai visto dei cavalli così piccoli prima d'ora.

«È arrivata la Kučerìha[12]!» si sussurrava tutt'intorno. «Guarda, è arrivata la Kučerìha!»

Eléna Ivànovna guardò le izbe come se le scegliesse, poi fermò i

____

[11] Carro a quattro ruote trainato da cavalli per il trasporto di merci.

[12] Il cognome della moglie, Kučerova, viene modificato dai mužikì e trasformato nella parola che significa «cocchiera».

cavalli vicino all'izbà più povera, dove alle finestre c'erano tante teste di bambini – bionde, scure, rosse. Stepanìda, la moglie di Rodión, una vecchia in carne, corse fuori dall'izbà, il fazzoletto le scivolò dalla testa canuta, osservava la carrozza controluce, e la sua faccia sorrideva e si raggrinziva, come se fosse cieca. «Questo è per i tuoi figli» disse Eléna Ivànovna e le porse tre rubli. Stepanìda d'un tratto scoppiò a piangere e si inchinò a terra; anche Rodión cadde a terra, mostrando la sua ampia testa calva, bruna, e così facendo per poco non infilzò la moglie nel fianco col forcone. Eléna Ivànovna si imbarazzò e ripartì per tornare indietro.

II

II

I Lyčkóv, padre e figlio, sorpresero due cavalli da lavoro sul loro prato, un pony e un torello muschiato di Algovia, e insieme al fulvo Volód'ka, il figlio del fabbro Rodión, li condussero al villaggio. Chiamarono lo stàrosta[13], reclutarono testimoni e andarono a vedere la *potràva*[14].

«Bene, via!» diceva Kózov, strizzando l'occhio. «Via-a!! Ora ehe si diano una mossa, questi ingegneri. Pensi che ce la caviamo senza processo? Bene! Mandare a

---

[13] In origine, anziano del villaggio; in seguito, capo di un'amministrazione locale o di una particolare istituzione civile.

[14] Danno causato dal bestiame al raccolto o al prato.

chiamare l'*urâdnik*[15], fare un verbale!..»

«Fare un verbale!» ripeté Volód'ka.

«Questa cosa proprio non voglio lasciarla correre!» gridava Lyčkóv figlio, gridava sempre più forte e più forte, e per questo – sembrava – il suo viso glabro si gonfiava sempre di più. «Che bella moda hanno preso! Basta lasciarli fare, che i prati te li rovinano tutti! Non avete nessun diritto di offendere la gente! Ora i servi non ci sono più[16]!»

«Ora i servi ora non ci sono più!» ripeté Volód'ka.

«Vivevamo senza ponte», disse cupo Lyčkóv padre, «non ci ce l'hanno domandato, cosa ce ne facciamo di un ponte? Non lo vogliamo!»

---

[15] Grado inferiore della polizia del distretto.

[16] Nel 1861 era stata abolita la servitù della gleba.

«Fratelli, ortodossi! Questa cosa non possiamo lasciarla così!»

«Bene, da-ai!» ammiccava Kózov. «Dai, che si diano una mossa! Ma che ra-azza di proprietari terrieri!» Tornarono indietro al villaggio, e mentre camminavano, Lyčkóv figlio per tutto il tempo si dava pugni sul petto e gridava, anche Volód'ka gridava, ripetendo le sue parole. E al villaggio, nel frattempo, vicino al torello purosangue e ai cavalli si era radunata un'intera folla. Il torello era confuso e guardava di sottecchi, ma all'improvviso abbassò il muso a terra e si mise a correre scalciando con le zampe posteriori; Kózov aveva paura e faceva gesti verso di lui con il bastone, e tutti si misero a ridere. Poi rinchiusero il bestiame e si misero ad aspettare.

La sera, l'ingegnere inviò cinque rubli per la *potràva*, e entrambi i cavalli, il pony e il torello, denutriti e assetati, tornarono a casa, a testa bassa come colpevoli, come se venissero portati al patibolo.

Ricevuti i cinque rubli, i Lyčkóv, padre e figlio, lo *stàrosta* e Volód'ka attraversarono il fiume in barca e si incamminarono verso il villaggio di Krâkovo, dove c'era un *kabàk*[17], e lì se la spassarono a lungo. Si sentiva cantare e come gridava il giovane Lyčkóv. Nel villaggio le babe non dormirono per tutta la notte e si preoccuparono. Nemmeno Rodión dormiva.

«Non è una bella cosa», diceva rigirandosi da fianco a fianco e sospirando. «Il *bàrin*[18] si arrabbia,

---

[17] Bettola dove si bevono alcolici.

[18] Maschio appartenente alle classi privilegiate (proprietari terrieri, nobili, eccetera), in contrapposizione a *mužik*.

poi se la prende con noi... hanno offeso il bàrin… bah, l'hanno offeso, non va bene...»

Una volta i mužikì, e Rodión tra loro, andavano nella foresta a dividere la falciatura, e quando tornavano a casa incontrarono l'ingegnere. Indossava una camicia rossa di *kumāš*[19] e stivali alti; dietro di lui, la lingua lunga di fuori, c'era un cane da ferma.

«Salve, fratelli!» disse.

I mužikì si fermarono e alzarono il cappello.

«Da molto tempo c'è una cosa che voglio dirvi, fratelli» continuò. «Il punto è questo. Fin dall'inizio della primavera, ogni giorno nel mio giardino e nella foresta c'è il vostro bestiame. Tutto è calpestato, i maiali scavano nel campo, rovinano l'orto,

─────────────────

[19] Raso di cotone tinto di rosso vivo, più raramente di blu.

e tutti i virgulti giovani nel bosco sono spariti. Non c'è possibilità di andare d'accordo con i vostri pastori, se gli domandi qualcosa, loro rispondono male. Ogni giorno ho una *potràva* e io niente, non vi multo, non mi lamento, invece voi avete portato via i miei cavalli e il torello, e mi avete chiesto cinque rubli. Questo va forse bene? È da buoni vicini?» continuò, e la sua voce era così soave, convincente, e il suo sguardo non era severo. «È forse il modo di comportarsi delle persone perbene? La settimana scorsa qualcuno dei vostri ha abbattuto due querce del mio bosco. Avete scavato la strada per Erésnevo e ora mi tocca fare il giro di tre verste. Perché mi fate del male a ogni passo? Che cosa vi ho fatto di male, ditemelo, per l'amor di Dio? Io e mia moglie cerchiamo di fare del nostro meglio per vivere in pace e d'accordo con voi, aiutiamo i contadini come possiamo. Mia moglie è una donna buona, di cuore, non rifiuta di aiutare, è il suo sogno essere utile a voi e ai vostri figli. Voi ci pagate il bene con il male. Siete ingiusti, fratelli. Pensateci. Vi chiedo proprio di pensarci su, per favore. Noi vi trattiamo come persone, e ripagateci anche voi con la stessa moneta».

Si voltò e se ne andò. I mužikì rimasero ancora un po', si rimisero il cappello e s'incamminarono. Rodión, che capiva quello che gli era stato detto non nel modo giusto, ma sempre in un certo senso a modo suo, sospirò e disse:

«Bisogna pagare. Pagate, dice, fratelli, con una moneta...»

Arrivarono fino al villaggio in silenzio. Arrivato a casa, Rodión disse la preghiera, si tolse le scarpe e si sedette su una panchina accanto alla moglie. Lui e Stepanìda, quando erano a casa, si sedevano sempre vicini e camminavano per la via sempre affianco, mangiavano, bevevano e dormivano sempre insieme, e più diventavano vecchi, con più forza si amavano. Nell'izbà si stava stretti, faceva caldo e c'erano bambini ovunque – sul pavimento, alle finestre, sulla stufa… Stepanìda, nonostante l'età, faceva ancora figli, e ora, guardando il mucchio di bambini, era difficile distinguere dove fossero i figli di Rodión e dove i figli di Volód'ka. La moglie di Volód'ka – Lukér'â, una baba giovane, brutta, con gli occhi a rana e il naso a becco d'uccello, mescolava l'impasto nel tino; Volód'ka invece si sedette alla stufa con le gambe a penzoloni.

«Sulla strada vicino al grano saraceno di Nikìta vediamo quello… l'ingegnere col cagnolino…»

cominciò Rodión, dopo una pausa, grattandosi il fianco e i gomiti. «Bisogna pagare, dice... Con la moneta, dice... Moneta o non moneta, ma ognuno dovrebbe dargli un *grìvennik*[20]. Perché offendiamo molto il bàrin. Mi fa pena...»

«Vivevamo senza ponte», disse Volód'ka, senza guardare nessuno, «e non lo vogliamo».

«Che ti prende! Il ponte è dello Stato».

«Non lo vogliamo».

«Chi te lo chiede. Che ti prende!»

«"Chi te lo chiede"...» le fece il verso Volód'ka. «Non abbiamo un posto dove andare, a cosa ci serve un ponte? Se proprio serve, si può andare in barca».

---

[20] Moneta da dieci copeche.

Qualcuno del cortile bussò così forte alla finestra, che l'intera izbà sembrò tremare.

«Volód'ka è a casa?» si udì la voce di Lyčkóv figlio «Volód'ka, vieni fuori, andiamo!»

Volód'ka saltò giù dalla stufa e si mise a cercare il suo berretto.

«Non andare, Volódâ, disse Rodión poco convinto. «Non andare con loro, figliolo. Sei il nostro scemotto, come un bambino piccolo, e non ti insegneranno nulla di buono. Non andare!»

«Non andare, figliolo!» lo pregò Stepanìda e sbattè le palpebre, sul punto di piangere. «Magari vanno al *kabàk*».

«"Al kabak"...» scimmiottò Volód'ka.

«Tornerai di nuovo ubriaco, Erode di un cane!» disse Luker'â, guardandolo con cattiveria. «Vai, vai e brucia di vodka, Satana senza coda!»

«Ma stattene zitta!» gridò Volód'ka.

«Mi hanno fatto sposare un cretino, hanno rovinato me, orfana infelice, un ubriacone dai capelli rossi...» parlò Lukér'â, strofinandosi la faccia con la mano piena di impasto. «I miei occhi non ti avessero mai guardato!»

Volód'ka la picchiò sull'orecchio e uscì.

III

Eléna Ivànovna e la sua figlia piccola arrivarono al villaggio a piedi. Avevano passeggiato. Quel giorno era domenica, le babe e le ragazze erano tutte fuori nella via nei loro vestiti colorati. Rodión e Stepanìda, seduti a fianco sul kryl'có [21], salutarono e sorrisero a Eléna Ivànovna e alla sua bambina, ormai come a persone che conoscevano. E dalle finestre li guardava più di una decina di bambini; i volti erano perplessi e curiosi, si sentì un sussurro:

«La Kučerìha è arrivata! La Kučerìha!»

------

[21] Terrazzo d'ingresso tipico dell'izbà, separato da alcuni gradini dal livello del cortile.

«Salve», disse Eléna Ivànovna, e si fermò; tacque un attimo e domandò: «Allora, come state?»

«Stiamo bene, grazie a Dio», rispose Rodión in fretta. «Si sa, viviamo».

«Che vita la nostra!» ridacchiò Stepanìda. «Lo vedete voi stessa, *bàrynâ, golùbuška*[22], povertà! In tutto la famiglia ha quattordici anime, e due soli che guadagnano. Entrambi come fabbri, e quando portano il cavallo da ferrare, non c'è il carbone, non c'è niente con cui comprarlo. Ci hanno ridotto male, *bàrynâ*», continuò e sorrise, «eccome se ci hanno ridotto male!»

Eléna Ivànovna si sedette sul *kryl'có* e, abbracciando la sua bambina, si mise a pensare a qualcosa, e anche alla bambina, a giudicare dal suo viso, frullavano nella testa pensieri

---

[22] «Colombella», modo per rivolgersi con tenerezza a una donna.

poco allegri; e mentre pensava giocava con un elegante ombrellino di pizzo che aveva preso dalle mani della madre.

«Povertà!» disse Rodión. «Ci sono molte preoccupazioni, lavoriamo – non si vede un limite-una fine. Adesso Dio non dà la pioggia... Non ce la passiamo granché bene, che dire».

«Questa vita è un peso per voi», disse Eléna Ivànovna, «ma in quel mondo sarete felici».

Rodión non la capì e si limitò a tossire nel pugno in risposta. E Stepanìda disse:

«*Bàrynâ, golùbuška*, al ricco andrà bene anche in quel mondo là. Il ricco mette delle candele, fa servire messa, il ricco dà al povero, ma un *mužìk*? Non c'è tempo per farsi il segno di croce sulla fronte, siamo poveri strapoveri, quindi come facciamo a salvarci? E molti dei peccati li commettiamo perché siamo poveri, e per il dolore, come i cani, ci lamentiamo sempre, non diciamo belle parole, e ciò che non ci accade, *bàrynâ, golùbuška,* – Dio non voglia! Sarà che non dobbiamo essere felici né in questo mondo né in quell'altro. Tutta la felicità è toccata ai ricchi».

Parlava allegramente; era evidente che era abituata da tempo a parlare della sua vita difficile. E anche Rodión sorrideva; era contento che la sua vecchia fosse così intelligente, di tante parole.

«È soltanto apparenza che la vita sia facile per i ricchi» disse Eléna Ivànovna. «Ogni persona ha il suo dolore. Ecco noi, io e mio marito, non viviamo da poveri, i mezzi li abbiamo, ma siamo forse felici? Io sono ancora giovane, ma ho già quattro figli; i figli sono malati tutto il tempo, anche io sono malata, sono costantemente in cura».

«E tu che malattia hai?» domandò Rodión.

«Delle donne. Non riesco a dormire, il mal di testa non mi dà pace. Ecco me ne sto seduta così, parlo, e nella testa c'è qualcosa che non va, mi sento debole in tutto il corpo, e sono d'accordo, meglio il più duro dei lavori piuttosto che uno stato del genere. E nemmeno la mia anima è in pace. Sono sempre in pensiero per i miei figli, per mio marito. Ogni famiglia ha un dolore proprio, anche noi lo abbiamo. Non sono una possidente. Mio nonno era un semplice contadino, mio padre aveva commerci a Mosca, era anche lui una persona semplice. Invece, i genitori di mio marito sono nobili e ricchi. Loro non volevano che sposasse me, ma lui ha disobbedito, ha litigato con loro, e per questo ancora oggi non ci perdonano. Questo preoccupa mio marito, lo agita, lo tiene costantemente in ansia; lui vuole molto bene a sua madre, le vuole molto bene. Beh, anch'io mi preoccupo. Ho l'anima in pena».

Vicino all'izbà di Rodión c'erano già mužikì e babe, e ascoltavano. Si avvicinò anche Kózov e si fermò, agitando la sua barbetta lunga, sottile. Si avvicinarono i Lyčkóv, padre e figlio.

«E detto ciò, non si può essere felici e contenti, se non ci si sente al proprio posto», proseguiva Eléna Ivànovna. «Ognuno di voi ha la propria strada, ognuno di voi lavora e sa per cosa fatica. Mio marito costruisce ponti, in poche parole, ognuno ha un proprio posto. E io? Io cammino e basta. Non ho ancora un campo mio, non fatico e mi sento un'estranea. Dico tutto questo perché voi non giudichiate dall'aspetto esteriore; se una persona è vestita in maniera costosa e ha i mezzi, non significa che sia soddisfatta della propria vita».

Si alzò per andarsene e prese sua figlia per mano.

«Mi piace molto qui da voi», disse, e sorrise, e da questo sorriso debole, poco convinto si poteva capire quanto in realtà stesse male, quanto fosse ancora giovane e bella; aveva un volto pallido, scavato con sopracciglia scure e capelli biondi. E la bambina era proprio come sua madre, magrolina, bionda e sottile. Lasciavano dietro di sé una scia di profumo.

«E il fiume mi piace, e il bosco, e il villaggio...» proseguiva Eléna Ivànovna. «Potrei vivere qui per tutta la vita, e – mi sembra – qui potrei riprendermi e trovare il mio posto. Ho voglia, ho una voglia appassionata di aiutarvi, di esservi utile, vicina. Conosco il vostro bisogno, e quello che non so lo sento, lo indovino con il cuore. Io sono malata, debole, e per me, magari, è già impossibile cambiare la mia vita come vorrei. Ma ho dei figli, mi sforzerò di educarli perché si abituino a voi e prendano a volervi bene. Farò costantemente notare loro che la loro vita non appartiene a loro, ma a voi. Però vi prego con insistenza, vi imploro, fidatevi di noi, vivete con noi in amicizia. Mio marito è una persona buona, brava. Non fatelo agitare, non fatelo irritare. È sensibile a ogni piccolezza, e ieri, per esempio, la vostra mandria era nel nostro orto, uno dei vostri ha rotto il recinto del nostro apiario, e questo comportamento nei nostri confronti porta mio marito alla disperazione.

Vi prego» continuò lei con voce supplichevole, e congiunse le mani sul petto, «vi prego, trattateci come buoni vicini, vivremo in pace! Infatti si dice, meglio una cattiva pace che una buona lite, e non scegliere il pezzo di terra ma scegli il vicino. Ripeto, mio marito è una persona buona, brava; se tutto andrà bene, allora noi, vi prometto, faremo tutto quanto sarà nelle nostre forze: ripareremo le strade, costruiremo una scuola ai vostri figli. Ve lo prometto».

«Di questo, certo, la ringraziamo umilmente, *bàrynâ*» disse Lyčkóv padre, guardando per terra, «voi avete studiato, lo saprete meglio voi. Ma solo che proprio qui a Eresnévo Vóronov, un mužìk ricco, cioè, aveva promesso di costruire una scuola, pure lui diceva – vi darò questo di qua, vi darò quello di là, e poi ha messo solo la capanna di tronchi e s'è rifiutato di continuare, e così i mužikì hanno dovuto mettere il tetto e finirla, e ci sono voluti mille rubli. E Vóronov niente, si accarezza la barba e basta, ma i mužikì si sono sentiti come offesi».

«Sembrava un corvo, ma invece era una cornacchia» disse Kózov, e strizzò l'occhio.

Si sentì una risata.

«A noi una scuola non serve» disse cupo Volód'ka. «I nostri ragazzi vanno a Petróvskoe, e lascia che ci vadano. Non la vogliamo».

Eléna Ivànovna all'improvviso si fece timida. Impallidì, si rimpiccciolì, si contrasse, come se qualcuno l'avesse toccata con qualcosa di grezzo, e se ne andò senza dire nemmeno più una parola. E camminava sempre più veloce, più veloce, senza voltarsi a guardare.

«*Bàrynâ!*» chiamò Rodión, andandole dietro. «*Bàrynâ*, aspetta un po' quello che ti dico».

La andò dietro, senza cappello, e parlava piano, come se chiedesse l'elemosina:

«*Bàrynâ*, aspetta quello che ti dico».

Uscirono dal villaggio, Eléna Ivànovna si fermò all'ombra di un vecchio sorbo, vicino alla *telega* di qualcuno.

«Non te la prendere, *bàrynâ*», disse Rodión. «Che sarà mai! Abbi pazienza. Porta pazienza per un paio d'anni. Se stai qui, se hai pazienza, va tutto bene. La nostra gente è buona, tranquilla... la gente non è niente male, te lo giuro davanti all'Altissimo. Non fare caso a Kózov e ai Lyčkóv, e neanche a Volód'ka, è il mio scemotto: dà retta al primo che passa. Il resto sono gente tranquilla, stanno zitti... Loro, sai, direbbero volentieri una parola in buona fede, si metterebbero in mezzo quindi, ma non possono. L'anima ce l'hanno, la coscienza pure, ma la lingua non ce l'hanno. Non te la prendere... abbi pazienza... Che sarà mai!»

Eléna Ivànovna guardava il largo fiume calmo, pensava a qualcosa, e sulle guance le scorrevano le lacrime. E queste lacrime turbavano Rodión, a malapena non piangeva lui stesso.

«Non te la prendere...» mormorò lui. «Abbi pazienza per un paio d'annetti. Si può fare la scuola, si possono fare le strade, ma tutto in una volta no... Se vuoi, per esempio, seminare il grano su questo monticello, prima devi zappare, togliere tutte le pietre, poi lo ari, e ci vai e ci rivai... Anche con la gente, vedi è così cioè... e ci vai e ci rivai finché non li sfinisci».

Dall'izbà di Rodión si staccò una folla e si incamminò lungo la via da questa parte verso il sorbo. Intonarono una canzone, l'armonica cominciò a suonare. E arrivavano sempre più vicino, più vicino...

«Mamma, partiamo da qui!» disse la bambina, pallida, abbracciandosi alla madre e tremando con tutto il corpo. «Partiamo, mamma!»

«Per dove?»

«Per Mosca... Partiamo, mamma!»

La bambina scoppiò a piangere. Rodión era completamente in imbarazzo, aveva il viso molto sudato. Tirò fuori dalla tasca un cetriolo, piccolo, storto, come una mezzaluna, tutto coperto di briciole di segale, e provò a metterlo tra le mani della bambina.

«Su, su...» borbottò lui, corrugando serio la fronte. «Prendi un cetriolino, mangia... Piangere non

sta bene, la mammina poi ti mena...
e si va a lamentare con tuo padre a
casa. Su, su...»

Loro ripresero a camminare, e lui
continuava a camminare dietro di
loro, volendo dire loro qualcosa di
affettuoso e convincente. E
vedendo che entrambe erano
occupate nei loro pensieri, e nel
loro dolore, e non si accorgevano di
lui, si fermò e, proteggendo gli
occhi dal sole, gli andò dietro con lo
sguardo per molto tempo, finché
non sparirono nel loro bosco.

IV

L'ingegnere, evidentemente, era diventato irascibile, meschino e in ogni cosa da niente vedeva già un furto o un attentato. Le sue porte erano chiuse a chiave persino di giorno, e di notte in giardino camminavano due guardie e battevano sull'asse, e nessuno veniva più preso da Obručànovo a lavorare a giornata. Neanche a farlo apposta qualcuno (dei mužikì o dei *bosâkì* – non si sa) aveva tolto dalla *telega* le ruote nuove e le aveva sostituite con delle ruote vecchie, poi, un po' di tempo dopo, avevano portato via due briglie e due pinze, e perfino nel villaggio iniziarono a correre voci. Cominciarono a dire che bisognava andare a fare una perquisizione dai Lyčkóv e da Volód'ka, e così le pinze e le briglie furono trovate nel giardino dell'ingegnere sotto il recinto: qualcuno ce le aveva lanciate.

Un giorno la folla arrivava dal bosco, e in strada incrociò di nuovo l'ingegnere. Lui si fermò e, senza salutare, guardando arrabbiato prima uno e poi un altro, cominciò:

«Io vi avevo chiesto di non raccogliere i funghi nel mio parco e vicino al cortile, di lasciarli a mia moglie e i bambini, ma le vostre ragazze arrivano appena fa luce e poi non rimane nemmeno un fungo. Chiedere a voi o non chiedere – è lo stesso. Richieste, e le buone maniere, persuasione, vedo, è tutto inutile».

Fermò il suo sguardo indignato su Rodión e continuò:

«Io e mia moglie vi abbiamo trattati come persone, come nostri pari, e voi? Mah, che dire! Probabilmente, finiremo, mi sa, davvero, per disprezzarvi. Non resta nient'altro da fare!»

E, facendo uno sforzo su sé stesso per contenere la rabbia, per non dire qualcos'altro di troppo, si voltò e riprese a camminare.

Arrivato a casa, Rodión disse la preghiera, si tolse le scarpe e si sedette sulla panca accanto a sua moglie.

«Già...» cominciò lui, dopo essersi riposato. «Siamo lì che andiamo, e incrociamo il *bàrin* Kučeróv... Già... ha visto le ragazze appena fa luce... Perché, dice, non portano dei funghi… a mia moglie, dice, e ai bambini. E poi guarda me e mi dice: io e mia moglie, dice, ti disprezzeremo. Io volevo inchinarmi ai suoi piedi, ma sono stato timido... Che Dio porti loro salute... Speriamo che vanno via, oh Signore...»

Stepanìda si fece il segno della croce e sospirò.

«Signori buoni, semplici...» continuava Rodión. «"Disprezzeremo..." – l'ha promesso davanti a tutti. Nella vecchiaia e... non sarebbe niente... Pregherei Dio per loro in eterno... Speriamo che vanno via, Regina del cielo...»

All'Esaltazione[23], il 14 settembre, era festa patronale. I Lyčkóv, padre e figlio, già dal mattino erano andati da quella parte e tornarono per pranzo ubriachi. Camminarono a lungo per il villaggio, e ora cantavano, ora si prendevano a male parole, poi si azzuffarono e andarono alla tenuta a lamentarsi. All'inizio entrò nel cortile Lyčkóv padre con un lungo bastone di

---

[23] Festa ortodossa dell'Esaltazione della Santa Croce.

pioppo in mano; si fermò indeciso e si tolse il cappello. Proprio in questo momento sulla terrazza sedeva l'ingegnere con la famiglia e beveva il tè.

«Cosa vuoi?» gridò l'ingegnere.

«Vostra alta nobiltà, *bàrin*...» Lyčkóv cominciò e si mise a piangere. «Mostrate divina benevolenza, intercedete... Mio figlio non mi lascia vivere... mio figlio mi ha mandato in rovina... si azzuffa con me... vostra alta nobiltà...»

Entrò anche Lyčkóv figlio, senza cappello, anche lui con il bastone; si fermò e puntò lo sguardo ubriaco, insensato verso la terrazza.

«Non è affar mio risolvere i problemi vostri», disse l'ingegnere.

«Vattene al *zemstvo*[24] o dallo *stanovòj*[25]».

«Sono stato dappertutto… ho fatto domanda…» disse Lyčkóv padre e scoppiò in singhiozzi. «Dove devo andare adesso? Quindi lui adesso mi può ammazzare? Quindi può farmi di tutto? A suo padre? Suo padre?» Sollevò il bastone e picchiò suo figlio sulla testa; quello alzò il bastone e picchiò il vecchio dritto sulla pelata, tanto che il bastone rimbalzò. Lyčkóv padre non si scompose nemmeno e picchiò di nuovo suo figlio, e di nuovo alla testa. E così stavano in piedi e continuavano a picchiarsi a vicenda in testa, e non sembrava una rissa,

---

[24] Forma di governo locale nelle zone rurali introdotta nel 1864 dallo zar Aleksàndr II, con una predominanza della nobiltà nei suoi membri.

[25] Ripartizione amministrativa e di polizia dell'*uezd*.

ma semmai una specie di gioco. E fuori dai cancelli si accalcavano i mužikì e le babe e guardavano in silenzio dentro il cortile, e avevano tutti la faccia seria. Erano i mužikì che erano venuti a fare gli auguri per la festa, ma, vedendo i Lyčkóv, avevano avuto vergogna e non erano entrati nel cortile.

La mattina dopo, Eléna Ivànovna partì per Mosca con i figli. E cominciò a correre voce che l'ingegnere avrebbe venduto la sua tenuta...

V

Hanno da tanto tempo il ponte davanti agli occhi, e ormai era difficile immaginarsi il fiume qui senza ponte. Cumuli di detriti, rimasti dalla costruzione, già da tempo sono ricoperti d'erba, si sono dimenticati dei *bosâkì*, e al posto di *Dubìnuška*[26] adesso si sente quasi ogni ora il rumore del treno che passa.

La dacia nuova è stata venduta da tempo; ora appartiene a un funzionario, che viene qui dalla città con la famiglia durante le feste, si beve il tè sulla terrazza e poi torna in città. Sul berretto ha una coccarda, lui parla e tossisce come un funzionario molto importante, anche se ha solo il grado di

---

[26] Canzone popolare russa di trasportatori e caricatori di chiatte.

51

segretario di collegio[27], e quando i mužikì lo salutano, lui non risponde. A Obručànovo sono invecchiati tutti; Kózov è già morto, nell'izbà di Rodión ci sono ancora più figli, a Volód'ka è cresciuta una lunga barba rossa. Vivono come prima in povertà.

All'inizio della primavera, gli abitanti di Obručànovo vanno a segare la legna vicino alla stazione. Ecco che dopo il lavoro tornano a casa, camminano senza fretta, uno dietro l'altro; le larghe seghe si piegano sulle loro spalle, il sole vi si riflette sopra. Gli usignoli cantano nei cespugli lungo la riva, le allodole si riversano nel cielo. Alla dacia nuova è tutto calmo, non c'è nemmeno un'anima, e solo i

---

[27] Corrispondente al decimo livello della Tabella dei ranghi, che in tutto ne contava quattordici.

colombi d'oro, d'oro perché li illumina il sole, volano sopra la casa. A tutti – sia a Rodión, sia a entrambi i Lyčkóv, sia a Volód'ka – vengono in mente i cavalli bianchi, i piccoli pony, i fuochi d'artificio, la barca con le lucine; si ricordano come la moglie dell'ingegnere, bella, elegante, veniva al villaggio e parlava così affettuosamente. Ed era come se tutto questo non fosse successo. Tutto come un sogno o una fiaba.

Loro camminano passo dopo passo, sfiniti, e pensano...

Nel loro villaggio, pensano loro, la gente è buona, tranquilla, ragionevole, timorata di Dio, e anche Eléna Ivànovna è tranquilla, buona, mite, faceva talmente pena guardarla, ma allora perché non sono andati d'accordo e si sono separati come nemici? Che cos'era quella nebbia che nascondeva agli occhi la cosa più importante, ed erano visibili solo le *potravy*, le briglie e le pinze e tutte queste cose piccole che ora alla memoria sembrano così da poco? Perché con il proprietario nuovo vivono in pace, mentre con l'ingegnere non andavano d'accordo?

E, non sapendo che risposta darsi a queste domande, tutti restano in silenzio, e solo Volód'ka borbotta qualcosa.

«Che cosa dici?» domanda Rodión.

«Vivevamo senza ponte...» dice cupo Volód'ka. «Vivevamo senza ponte e non l'abbiamo chiesto... e non ne abbiamo bisogno».

A lui non risponde nessuno, e vanno avanti in silenzio, a capo chino.

Postfazione

Nella cultura russa di fine Ottocento non esiste una parola precisa per significare «uomo», «donna». La società è talmente ancora scissa nelle due classi che esistevano ai tempi della servitù della gleba, che per «uomo» abbiamo due parole, *bàrin* e *muẑik*, e per «donna» *bàrynâ* e *baba*. In questo racconto si mettono in risalto i problemi di traducibilità culturale esistenti tra queste due classi, che solo apparentemente parlano la stessa lingua. Non a caso il ricco a un certo punto si rivolge ai poveri dicendo: «Noi vi trattiamo come persone», fatto nuovo e insolito, che è quello che genera tutta l'incomprensione.

Vivevamo senza ponte e non l'abbiamo chiesto... e non ne abbiamo bisogno.

Questa frase viene ripresa spesso nel testo e fa capire il comportamento ostile dei mužikì nei confronti dell'ingegnere. La tensione tra gli abitanti del villaggio e il bàrin ha una ragione culturale di fondo. L'abolizione della servitù della gleba è avvenuta nel 1861: il racconto è del 1899, ma il divario culturale tra le due visioni del mondo è rimasto intatto.

Il ponte è anche metaforico, unisce la società industriale e la cultura rurale. Le due culture non potranno mai conciliarsi perché troppo diverse. Il reciproco fraintendimento dei personaggi nel racconto mostra questo disequilibrio.

«Su, su...» borbottò lui, corrugando serio la fronte. «Prendi un cetriolino, mangia... Piangere non serve, la mammina poi ti mena... e lo va a dire a tuo padre a casa. Su, su...»

In tutti i suoi racconti, Čechov esprime solo ciò che è visibile agli occhi. Descrive attentamente le espressioni, i luoghi e l'aspetto dei personaggi ma la sua penna non ha mai l'ambizione di rappresentare il non visibile. Così, in questo brano, è possibile quasi udire le parole di Rodión. Non sono in alcun modo abbellite, Čechov riproduce la parlata dei muž̆ikì e mette per iscritto un discorso semplice, scarno. La nostra traduzione si è posta quindi come obiettivo riflettere il discorso spezzato di Rodión; abbiamo mantenuto la paratassi della frase, dando la possibilità alle lettrici e ai lettori di percepire l'essenzialità del discorso del personaggio e l'eccellente capacità di Čechov di ritrarla in ogni suo minimo dettaglio.

Grazie a una scrittura così attenta e pulita, viene alla luce l'immenso abisso che divide il mondo dei bàrin della dacia nuova da quello del popolo. Rodión dona alla piccola qualcosa che per lui è prezioso, un cetriolino, ma alla tavola della ricca famiglia un cetriolino non è che un contorno da abbinare a piatti molto più sostanziosi. La bambina non sarà mai in grado di apprezzare quel piccolo gesto venuto dal cuore e Rodión non capirà mai il mancato entusiasmo della bambina per quello che considera un piccolo tesoro. La vita delle due famiglie non troverà mai un punto d'intesa, sono due mondi reciprocamente intraducibili.

Era proprio l'ora di trasportare il letame con il carro, e il fabbro Rodión [...] stava vicino al suo carro sporco, orrendo e guardava i pony interdetto, e dalla sua faccia era evidente che non aveva mai visto dei cavalli così piccoli prima d'ora.

Il contrasto tra il carro sporco di Rodión, pieno di letame, e la carrozza trainata da pony, con cui Eléna Ivánovna e sua figlia si recano al villaggio, rappresenta perfettamente la distanza invalicabile tra il mondo dei mužikì e quello dei proprietari terrieri. La prima volta che i mužikì incontrano la moglie dell'ingegnere, sembra quasi che stiano assistendo a un'improvvisa apparizione magica, che li lascia a bocca aperta. I pony, le ruote gialle della carrozza, i cappelli di paglia indossati da madre e figlia: questi dettagli su cui Čechov pone l'accento hanno lasciato Rodión e gli altri mužikì stupiti e interdetti. L'immagine che ne risulta è stupefacente anche per noi lettrici e lettori, che percepiamo da una parte l'eleganza e la raffinatezza di chi ha i mezzi per condurre una vita dignitosa, e dall'altra la semplicità e la forza di chi desidererebbe ardentemente una vita più agiata, ma deve cavarsela con quello di cui dispone.

«È soltanto apparenza che la vita sia facile per i ricchi» disse Eléna Ivànovna. «Ogni persona ha il suo dolore. Ecco noi, io e mio marito, non viviamo da poveri, i mezzi li abbiamo, ma siamo forse felici? Io sono ancora giovane, ma ho già quattro figli; i figli sono malati tutto il tempo, anche io sono malata, sono costantemente in cura».

In un dialogo con Eléna Ivànovna, Rodión e Stepanìda confessano la fatica che comporta lavorare tutto il giorno per guadagnare poco e niente con dei figli da mantenere. Si sfogano con la Kučerìha credendo che lei non conosca sforzo e sofferenza, ma in realtà la vita della *bàrynâ*, pur essendo più agiata, non è ideale. Anzi, è segnata da infelicità, e poca salute, che non si cura con il denaro.

Čechov offre questa contrapposizione tra le due famiglie, che mostra a noi lettrici e lettori come le apparenze non siano sempre realtà. I mužikì e le babe invidiano l'ingegnere e sua moglie Eléna Ivànovna pensando di non essere alla loro altezza, pensando che i coniugi e i loro figli vivano in pieno idillio, pensando che avere tanto denaro porti automaticamente a una vita felice senza pensieri. Ignorano però le grosse difficoltà che la coppia si trova ad affrontare e che portano Eléna Ivànovna ad avere innumerevoli preoccupazioni che le impediscono di dormire la notte: dal difficile rapporto con i suoceri che non l'hanno mai accettata, alla cagionevole salute sua e dei suoi figli. In sostanza, in questo testo Čechov "illude" in un primo momento creando un netto contrasto tra ricchi e poveri e svelando poi che – nonostante le difficoltà dei mužikì e dell'ingegnere e sua moglie siano di natura diversa – tutti convivono con complicazioni che impediscono il raggiungimento della felicità.

«A noi una scuola non serve» disse cupo Volód'ka. «I nostri ragazzi vanno a Petróvskoe, e lascia che ci vadano. Non la vogliamo».

La risposta di Volód'ka giunge dopo l'ennesimo tentativo della famiglia dell'ingegnere di instaurare un rapporto di parità con i mužikì. In questo caso la moglie dell'ingegnere fa presente che i mužikì potrebbero solo guadagnarci a cessare gli atti di vandalismo. I coniugi Kučeróv non riescono a capire le motivazioni che spingono gli abitanti del villaggio ad agire in quel modo, avendoli loro sempre trattati con gentilezza e rispetto. I mužikì d'altro canto guardano con sfiducia alle promesse e si rifiutano testardamente di riconoscere i vantaggi che deriverebbero dalla costruzione di una scuola. Sono abituati a temere i proprietari terrieri e a essere trattati con sufficienza da loro e, in più, è loro esperienza che le promesse fatte non vengono poi mantenute. Percepiscono le offerte di aiuto dell'ingegnere e della moglie non come una possibilità per migliorare la propria esistenza ma come debolezza da sfruttare a loro vantaggio.

Alla fine questo atteggiamento porterà la famiglia dell'ingegnere a trasferirsi, e quella che la sostituirà tornerà a rivolgersi a loro con sufficienza, come facevano i predecessori dell'ingegnere.

La dacia è stata venduta da tempo, e gli abitanti di Obručànovo si chiedono ancora perché non sono riusciti ad andare d'accordo con i proprietari di prima, ai quali hanno causato solo danni. Loro non sanno perché l'ingegnere e la moglie sono tornati a Mosca, non sembrano mostrare alcun senso di colpa, la loro vita è andata avanti, hanno le stesse abitudini, vivono poveri come prima. L'ingegnere, sua moglie, i pony, sono solo un ricordo che resiste grazie al ponte, il ponte che non hanno mai voluto.

Dello stesso editore

Poesia

Osip Mandel'štàm, Pietra (edizione cartacea: La Vita Felice)
Osip Mandel'štàm, Tristia. Secondo libro (edizione cartacea: La Vita Felice)
Osip Mandel'štàm, Quaderni di Mosca (edizione cartacea: La Vita Felice)

Anna Achmàtova, Stormo bianco (edizione cartacea: La Vita Felice)
Anna Achmàtova, Rosario (edizione cartacea: La Vita Felice)
Anna Achmàtova, Sera (edizione cartacea: La Vita Felice)
Anna Achmàtova, Tutte le poesie

Marina Cvetàeva Mestiere (edizione cartacea: La Vita Felice)
Marina Cvetàeva Accampamento dei cigni-Separazione (edizione cartacea: La Vita Felice)
Marina Cvetàeva Verste. Poesie 1916-1920 (edizione cartacea: La Vita Felice)
Marina Cvetàeva È ora di spegner la lanterna. Ultime poesie 1936-1941

Aleksandr Blok Bolle di terra - Viola notturna - Maschera di neve
Aleksandr Blok Crocevia (edizione cartacea: La Vita Felice)
Aleksandr Blok Città (edizione cartacea: La Vita Felice)
Aleksandr Blok Poesie sulla bellissima dama
Aleksandr Blok Ante Lucem

Dino Campana Tutte le poesie
Vladìmir Majakovskij Tutte le poesie (1912-1930)

T.S.Eliot Canzone d'amore di J. Alfred Prufrock

Cantico dei cantici

Bruno Osimo Spazio intorno allo squalo

Bruno Osimo Poesie dall'ospedale psichiatrico

Bruno Osimo Poesie apocrife di Anna Ahmàtova

Bruno Osimo A Silva

Bruno Osimo Per tenerti la mano tra coyote e cinghiale

Bruno Osimo Sguardi rubati ; Gianpaolo Tescari

Bruno Osimo Bolle d'accompagnazione

Bruno Osimo Proposta sibillina

Bruno Osimo Ce l'hai scarico da un pezzo

Bruno Osimo Sei un vaso di fiori di campo

Bruno Osimo La scoiattola d'autunno

Bruno Osimo Semiotica semplice
Bruno Osimo Semiotics for Beginners
Bruno Osimo Semiotica per principianti
Lev Vygótskij, Pensiero e parola
Charles Sanders Peirce Filosofia della mente
Jurij Lotman Il testo nel testo
Jurij Lotman Le tre funzioni del testo
Jurij Lotman Autocomunicazione: «Io» e «Un altro» come destinatari
Jurij Lotman Le mie memorie 1922-1940
Jurij Lotman La semiosfera: culture
Jurij Lotman La cultura e l'intelligentnost'
Jurij Lotman Il ruolo dell'arte nella cultura
Jurij Lotman Asimmetria e dialogo

Jurij Lotman Il modello della struttura bilingue
Peeter Torop La semiotica della cultura. Introduzione alla scuola di Tartu fondata da Lotman.
Peeter Torop Biografia privata di Lotman attraverso gli autoritratti. Il discorso interno di uno studioso
Peeter Torop La transmedialità dell'autocomunicazione della cultura
Peeter Torop Sugli inizi della semiotica della cultura alla luce delle tesi della scuola di Tartu-Mosca

Opere di Gógol'

La lettera scomparsa
Notte di maggio ovvero L'annegata
La sera della vigilia di Ivàn Kupàla
La fiera di Soróčinci
Memorie di un pazzo

L'arresto. Vivere e morire ai tempi dei gulag

L'istruttoria. Torture, false confessioni, gulag

Storia delle fogne russe. Ondate di deportazione in gulag

La donna in lager. Vita quotidiana nei gulag

Opere di Čechov

Dùsečka
Zio Vanja
Tre sorelle
Il gabbiano
Il giardino dei ciliegi (L'amareneto)
L'insegnante di lettere
Dama con cagnolino: racconto
Casa con mezzanino (racconto di un pittore)
Racconto della signora X
L'isola di Sachalìn

La dacia nuova
A proposito dell'amore
I mužikì
Alle feste di Natale
Per affari di servizio
Nel baratro
Tre anni
Il duello
Ionyč: racconto
L'arciereo: racconto
La sposa: racconto
Kaštanka: racconto
Ragazzi: racconto
Principessa: racconto

Il parassitismo
Sonata «Kreutzer»
Il desiderio sessuale
Religione e morale
Perché la gente si droga?
Perché non mangio la carne

Opere di Dostoevskij

Notti bianche
Memorie dal sottosuolo
Il villaggio di Stepànčikovo e i suoi
abitanti

Opere di Leskóv

L'ebreo in Russia
Il pellegrino incantato. Il mancino
L'angelo sigillato. L'ebreo in Russia

Opere di Bulgàkov

Comune operaia № 13
Il mago nero
Ho ucciso e altri racconti

Opere di Pùškin
Evgénij Onégin

Fiabe popolari
Sivko-burko. Fiaba popolare russa
Fiaba su Ivàn-zarévič, sull'uccello-brace e sul lupo grigio. Fiaba popolare russa

Sulla traduzione
Peeter Torop Total Translation
Vlahov Florin The Translation of Realia
B., S.A. Osimo Cognitive distortion, translation distortion, and poetic distortion as semiotic shifts
Bruno Osimo On Psychological Aspects of Translation
Bruno Osimo Literary translation and terminological precision: Chekhov and his short stories

Bruno Osimo Basic notions of Translation Theory

Bruno Osimo Translation Studies. Contributions from Eastern Europe

Bruno Osimo Handbook of Translation Studies

Bruno Osimo Juri Lotman's Translation Handbook

Bruno Osimo Dictionary of Translation Studies

Bruno Osimo History of Translation

Bruno Osimo Roman Jakobson's Translation Handbook

Bruno Osimo The Translation of Culture

Bruno Osimo Prototext-metatext translation shifts

Anton Popovič La scienza della traduzione

Peeter Torop La traduzione totale

Aleksandar Lûdskanov Un approccio semiotico alla traduzione

Vlahov Florin La traduzione dei realia
Revzin Rozencvejg Manuale di semiotica della traduzione
Jiří Levý La creatività linguistica e letteraria del traduttore
Jiří Levý Stile letterario e stile traduttivo. Come si forma il traduttese
Zuzana Jettmarová Teoria ceca della traduzione
B., S.A. Osimo Distorsione cognitiva, distorsione traduttiva e distorsione poetica come cambiamenti semiotici
Bruno Osimo Manuale del traduttore di Giacomo Leopardi
Bruno Osimo Peeter Torop per la scienza della traduzione
Bruno Osimo La traduzione totale. Spunti per lo sviluppo della scienza della traduzione
Bruno Osimo Teoria della mediazione linguistica

Bruno Osimo Traduzione come metafora, traduttore come antropologo
Bruno Osimo La memoria della cultura: traduzione e tradizione in Lotman
Bruno Osimo Traduzione e nuove tecnologie
Bruno Osimo Terminologia semiotica e scienza della traduzione
Bruno Osimo La lingua non salvata
Bruno Osimo Traduzione giuridica e scienza della traduzione
Bruno Osimo Traduzione della cultura
Bruno Osimo Traduzione letteraria e precisione terminologica
Bruno Osimo Traduzione e qualità
Bruno Osimo Traduzione: aspetti mentali
Bruno Osimo La traduzione totale di Peeter Torop

Federico Bario Come batteva il tamburo

Aleksandr Ânov Le origini dell'autocrazia

Anatolij Rybakov Gli anni del grande terrore

Raffaello Giovagnoli Spartaco

Mihail Arcybašev Sangue

Mikhail Artsybashev Blood

Julija Voznesenskaja Decamerone delle donne

Solomon Volkov Pietroburgo. Storia culturale

Solomon Volkov Šostakovič e Stalin: l'artista e lo zar

Howard Rheingold Comunità virtuali

Bruno Osimo Il poeta in affari veniva da molto lontano

Bruno Osimo Esercizi di stile traduttivo

Bruno Osimo Melanzane dall'antipasto al dolce
Bruno Osimo Dizionario di psicoanalisi
Poesia nascosta. Seicento ricette di cucina ebraica in Italia

9 788831 462396